EDICIONES ANTÍGONA

# TEATRO

EDICIONES ANTÍGONA

© Nando López, 2024
© Para todos los países en lengua española:
Ediciones Antígona, S. L.
C/ Prim 15, local. 28004 (Madrid)
Tel: 91.119.17.32 / 640.631.054
info@edicionesantigona.com
www.edicionesantigona.com

Primera edición, 2024

Directora de la colección: Conchita Piña
Diseño y arte de cubiertas: Rubén Chumillas
Director editorial: Isaac Juncos Cianca

ISBN: 978-84-10060-35-7
Depósito legal: M-26341-2024

Impreso en España / Printed in Spain

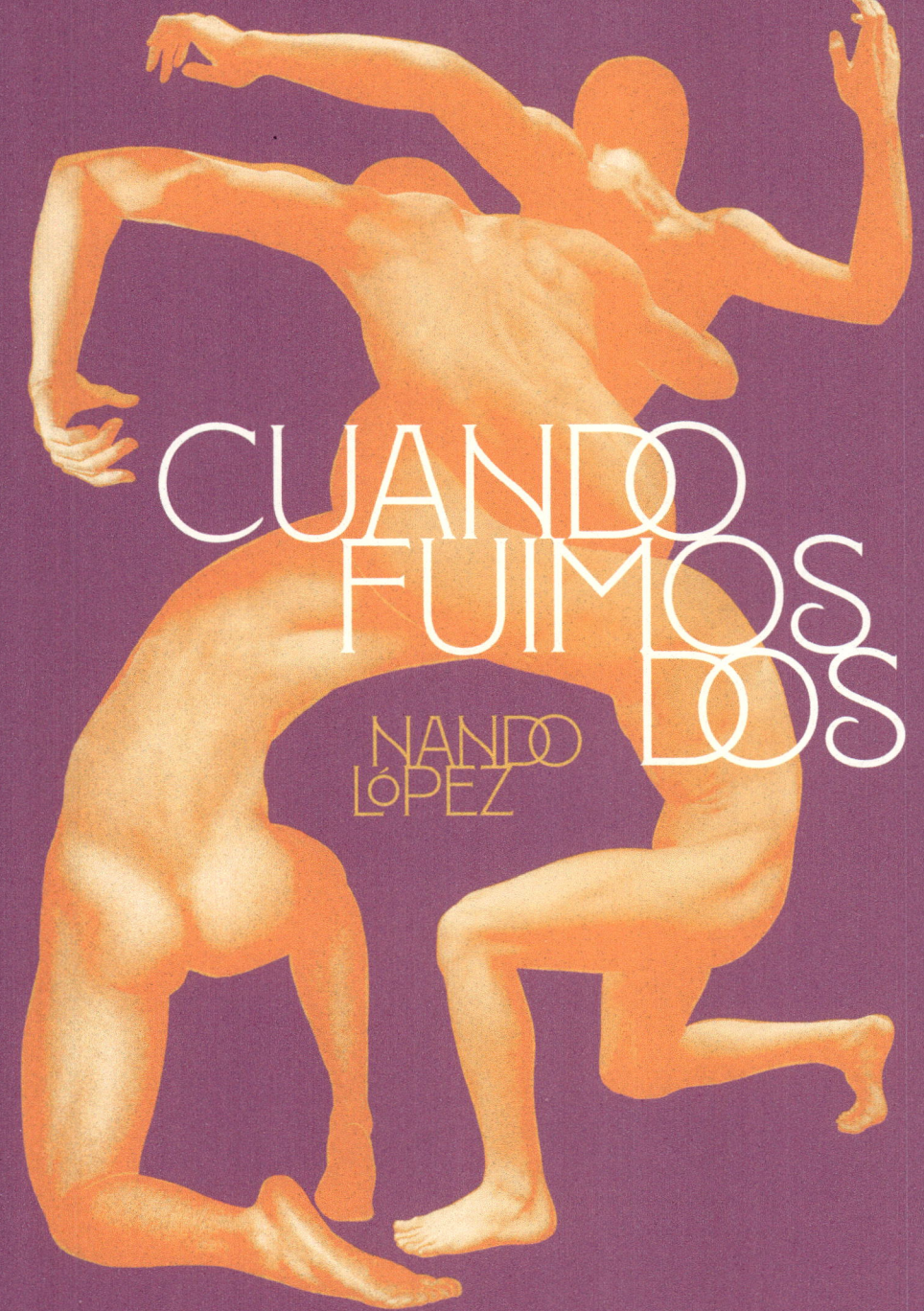

# CUANDO FUIMOS DOS

## NANDO LÓPEZ

# ÍNDICE

# DRAMATIS PERSONAE

CÉSAR

ELOY

FICHA DEL ESPECTÁCULO

*Cuando fuimos dos*, de Nando López se estrenó
el 7 de febrero de 2013 en El Sol de York (Madrid)
con el siguiente

REPARTO

(Por orden de intervención)
CÉSAR – David Tortosa
ELOY – Felipe Andrés

EQUIPO ARTÍSTICO

Dirección de escena – Quino Falero
Ayudante de dirección – Rocío Vidal
Vestuario y escenografía – Lupe Valero
Espacio sonoro – Mario Mocanu
Fotografías y diseño gráfico – Manolo Pavón
Producción ejecutiva – Rocío Vidal

En el escenario, solo una cama rodeada de cajas de lo que parece ser una mudanza. Sentados en esa misma cama, dos hombres de unos treinta y pocos que dudan si seguir empaquetando vidas y pasado. Uno de ellos, ELOY, tiene un aire levemente bohemio y cuidada pose de intelectual. El otro, CÉSAR, es un hombre muy atractivo y de físico atlético y rotundo. Ambos se dirigen a un interlocutor al que nunca vemos y que quizá sea el terapeuta en quien confían para salvar lo que parece estar perdido para siempre... O que, tal vez, no lo esté.

# I. LA E-COMUNICACIÓN

## CUADRO A

CÉSAR
  ¿Cuánto tiempo? Pues... No sé, un mes ya, creo.

ELOY
  Veintisiete días.

CÉSAR
  Lo que yo he dicho, un mes.

ELOY
  Veintisiete días no son un mes, César. Son veintisiete días.

CÉSAR
  Pues eso, que ha pasado ya un mes desde que Eloy y yo decidimos dejarlo.

ELOY
  Yo no decidí nada, César. Lo decidiste tú.

CÉSAR
  Eloy, los dos sabíamos que esto no podía seguir igual.

ELOY
  Claro que no... Pero de eso se trata. De que no siga igual.

Se trata de cambiarlo para que vuelva a ser. Por eso hemos venido aquí a/

CÉSAR

¿A qué? A perder el tiempo hablando con... Joder, analizándolo. No va a servir de nada, Eloy. No se puede arreglar lo que está roto.

ELOY

Lo nuestro no está roto. Sabes que todavía/

CÉSAR

Lo único que sé es que cuanto más hablo, más me confundo. Y que cuanto más te veo, más... Bueno, pues más me lío.

ELOY

Eso es porque teníamos algo bueno.

CÉSAR

Algo muy bueno, sí... Hasta que lo perdimos... *(Al interlocutor que no vemos.)* Eloy, a su manera, también tiene razón. Claro que me gustaba lo nuestro mientras era. Pero luego ya no. Luego se convirtió en algo muy diferente. Y ahora yo... Ahora yo solo quiero perder de vista este sitio, estas cajas, esta maldita cama...

ELOY

Y aún así, has venido. César, si has venido hasta aquí será porque/

CÉSAR

No sé por qué he venido, Eloy. No sé por qué... Yo intento alejarme de él, se lo aseguro. Y olvidarlo. Intento acabar con todo esto y, bueno, pues lo hago de la única manera que me parece útil.

ELOY

Déjame adivinar. ¿Metiendo a más gente en tu cama?

CÉSAR

*(Intentando no dejarse distraer por* ELOY.*)* Qué quiere que le diga, a mí el sexo siempre me ha funcionado bien. Para eso y para todo... Yo no sé comunicarme de otra forma... Anoche mismo, por ejemplo, estuve con un tío. No recuerdo ni cómo se llamaba, la verdad. Contactó conmigo a través de uno de los tres perfiles que tengo en redes.

ELOY

Tres, a falta de uno, tres...

CÉSAR

¿Puedo?

ELOY

Vale, perdón. Sigue.

CÉSAR

Nos pasamos un par de fotos para ver si iba a ver tema o no y quedamos directamente en su apartamento. ¿El polvo? Tampoco fue especialmente memorable, pero me vino bien. Follar con  desconocidos me ayuda a llevar mejor lo de mi insomnio.

ELOY

Un método infalible, sí señor.

CÉSAR

Es una forma de matar el tiempo, nada más. Yo siempre he tenido esos perfiles, incluso cuando todavía estaba con Eloy y... *(Silencio. Se calla durante un instante al darse cuenta de lo que acaba de decir...)* Yo/

ELOY

(*Imitándolo.*) Yo, yo, yo…

CÉSAR

Ya, ya lo sé… Digo mucho *yo*… No, yo (¡mierda!), prefiero la naturalidad y, si se tercia, el exhibicionismo.

## CUADRO B

ELOY

(*Leyendo las actualizaciones en uno de los perfiles de* ELOY.) A Martín le gusta que salgas esta noche.

CÉSAR

(*Vistiéndose, preparándose para salir. Sin saber qué camisa ponerse.*) ¿Cuál?

ELOY

A Martín le gustan tus fotos del viaje a París.

CÉSAR

Mejor con esta, ¿no?

ELOY

Martín ha puesto muchos corazones con llamitas debajo de tu foto en el hotel del viaje a París.

CÉSAR

¿La de la piscina?

ELOY

Martín ha comentado que te sienta muy bien el bronceado.

CÉSAR

(*Insiste en las camisas.*) ¿Me ayudas?

ELOY

A Jaime le gusta el comentario de Martín.

CÉSAR

Es una buena foto.

ELOY

Eso opina Martín. Vaya, y Jaime, hace un microsegundo también lo opina Jaime.

CÉSAR

¿Te pasa algo?

ELOY

Mejor la otra. Esa te va un poco demasiado ajustada.

CÉSAR

Me gusta así.

ELOY

Igual que a Martín. ¿O será a Jaime?

CÉSAR

¿Pero se puede saber qué/

ELOY

Vístete de una vez.

CÉSAR

Te recuerdo que a Martín me lo presentaste tú. Es amigo tuyo.

ELOY

Era.

CÉSAR
No seas crío.

ELOY
Vas a llegar tarde.

CÉSAR *se abraza a* ELOY. *Juguetea con él. Los interrumpe la notificación de un mensaje en el móvil de* CÉSAR.

CÉSAR
Vente si quieres.

ELOY
Paso.

CÉSAR
Luego dirás que/

ELOY
No diré nada. Como mucho, te lo escribiré *online*.

CÉSAR
Son solo amigos.

ELOY
¿El tal Jaime también es amigo tuyo?

CÉSAR
Eloy, cariño, no te rayes, anda. Ya sabes cómo es esto de las redes, uno acaba sumando seguidores sin saber muy bien cómo.

ELOY
El cómo no lo sé. Pero el porqué, lo intuyo.

CÉSAR
¿No pensarás/

ELOY
Pienso que te encanta que te adoren. Que te admiren. Pienso que te gusta tener hombres en la reserva. Por si acaso.

CÉSAR
Ya hemos hablado de esto.

ELOY
Solo hemos intentado hacerlo. Pero nunca lo hemos hablado de verdad.

CÉSAR
Vente, anda. No seas tan cabezota.

ELOY
Odio Chueca. Odio la música de Chueca. Odio el rollo medio pijo, medio borde de Chueca. ¿Te lo explico otra vez?

CÉSAR
Mañana estarás molesto. Te conozco y lo sé. No me parece justo que yo tenga que quedarme en casa también porque a ti no te guste/

ELOY
¿A Martín sí le gusta?

CÉSAR
¿El qué?

ELOY
Irse contigo a Chueca. Conmigo solo va a exposiciones coñazo.

CÉSAR
A veces coincidimos.

ELOY
¿Y Jaime?

CÉSAR
Te he dicho que ni siquiera sé quién es.

ELOY
Curioso. *(Mirando el móvil de* CÉSAR, *sin que este se dé cuenta.)* No sabes quién es, pero Jaime comenta tus fotos y Martín te manda unas suyas al móvil. ¿Qué? ¿A esos dos les gusta o no les gusta?

CÉSAR
Eloy, joder, ¿qué coño haces mirando mi móvil?

ELOY
Estás ridículo con esa camisa, ¿sabes?

*Sale.*

CÉSAR
Mierda.

## II. EL VÉRTIGO

### CUADRO A

ELOY

¿Que por qué hacemos esto? No sé... Supongo que porque yo necesito hablar las cosas. No soporto a la gente que piensa que los problemas se resuelven escondiendo la mierda debajo de la alfombra. O bajo la cama. Mucho peor si es bajo la cama...

CÉSAR

Eloy necesita analizarlo todo. Explicarlo todo... Yo no. Yo no necesito analizar lo que es evidente. Yo solo me fío de lo físico. De lo directo. Por eso ni siquiera estoy muy seguro de qué coño hago ahora mismo aquí...

ELOY

A mí no me sirve con un *no pasa nada*, ni con un *está olvidado* de esos que decimos tan a menudo. Porque lo de que olvidamos es mentira. Claro que no olvidamos. Nunca olvidamos nada —ni a nadie— que nos haya hecho daño.

CÉSAR

Ya, pero es que tú no solo no lo olvidas, Eloy. Es mucho peor... Tú te obsesionas. Eso es lo que te pasa. Y en tu obsesión, sin darte cuenta, eres capaz de destrozar todo lo que se te ponga por delante. Como lo nuestro, por ejemplo.

ELOY

Eso no es justo, César. Además, no hemos venido aquí para buscar culpables.

CÉSAR

¿Ah no? Pues ya me dirás para qué hemos venido. Porque yo no lo tengo muy claro. Lo único que quiero es vaciar este piso. Salir de aquí de una maldita vez. *(Al interlocutor a quien hablan desde el principio.)* ¿Ve? ¿Ve cómo acaba consiguiendo arrastrarme siempre a su obsesión? *(De nuevo a* ELOY.*)* Pero aun así he venido, he venido para que tú dejes de empeñarte en algo que ya no puede ser.

ELOY

Que podría ser, César. Claro que podría ser... Podría ser porque lo nuestro ha sido. Lo nuestro, aunque no tú quieras admitirlo, todavía es.


## CUADRO B

ELOY

*(Visitando el apartamento que están a punto de alquilar juntos.)* Bueno, ¿qué?

CÉSAR

Habrá que hacer un par de reformas.

ELOY

Sí, claro. ¿Pero qué te parece?

CÉSAR

Lo primero es pintar. A ver si a los dueños no les parece mal que hagamos algunos cambios aquí dentro.

ELOY

  César…

CÉSAR

  Y el baño… No sé si te has fijado, pero también necesita unos arreglos.

ELOY

  César…

CÉSAR

  Y habrá que comprobar la instalación eléctrica, y las tuberías, y/

ELOY

  (*Con cariño.*) ¡César!

CÉSAR

  ¿Qué?

ELOY

  ¿Te pasa algo?

CÉSAR

  No, solo estoy siendo práctico.

ELOY

  Todavía no hemos firmado.

CÉSAR

  ¿Y?

ELOY

  Nada. Lo que he dicho. Que todavía no hemos firmado.

**CÉSAR**

¿Te estás echando atrás?

**ELOY**

No. Lo que no quiero es seguir avanzando si tú no lo ves claro. No me gustaría dar un paso en falso. Estamos tan bien que...

**CÉSAR**

No es eso. Es solo/

**ELOY**

¿Qué?

**CÉSAR**

Vente a mi apartamento.

**ELOY**

Ya lo hemos hablado...

**CÉSAR**

Es más grande. Es más moderno. Tiene más luz. Este no tiene luz.

**ELOY**

Este es un interior muy luminoso.

**CÉSAR**

Los interiores nunca son luminosos. Eso es una antítesis, Eloy.

**ELOY**

Vaya... *(Jugando, pinchándose, tentándose.)* Cómo dominas los recursos literarios... ¿Pero lo tuyo no era darle a las pesas?

CÉSAR

Qué cabrón... Pues no sabes lo mucho que se aprende en el gimnasio.

ELOY

*(Riendo.)* ¿Dónde? ¿En la sala de máquinas o en los vestuarios?

CÉSAR

Hmmm... En los dos. Aunque en los vestuarios las charlas son más educativas. Hay más ejemplos gráficos.

ELOY

Ya me imagino...

CÉSAR

¿Y entonces?

ELOY

Ven, anda, siéntate. Mira, César, no quiero mudarme contigo a tu apartamento. Ni quiero que tú te mudes al mío. Quiero que compartamos algo que sea nuevo, algo donde ninguno de los dos tenga ventaja. No sé, un espacio neutral... Me da igual que sea cutre. Además, tampoco perdemos nada. Si no funciona, lo desalojamos y nos largamos. Así de fácil.

CÉSAR

Tan fácil no sería.

ELOY

Bueno, es un modo de hablar.

CÉSAR

Ya, es que ha sonado raro...

ELOY

Era solo una hipótesis.

CÉSAR

No lo imagino, ¿sabes? Ahora mismo no me imagino levantarme un día y decir que paso de todo esto... Me gusta demasiado.

ELOY

Va a salir bien.

CÉSAR

¿Aunque tengamos que vivir en un interior nada luminoso?

ELOY

Seguro que en el gimnasio hay algún decorador al que puedas seducir para que nos mejore esto... Lo mismo nos resuelve lo de la luz.

CÉSAR

¿Y en esta cama vamos a caber tres?

ELOY

¿Tres?

CÉSAR

No querrás que el decorador se vaya sin nuestro agradecimiento, ¿no?

ELOY

Estás como una cabra...

CÉSAR

¿Tanto como mi neurótico y obsesivo novelista?

ELOY
Casi...

CÉSAR
La cama, por lo menos, es muy cómoda.

ELOY
De eso no decían nada en el anuncio.

CÉSAR
Hacen mal. Es un buen argumento de compra…

ELOY
¿Y entonces?

CÉSAR
¿La cama? Estupenda. A nuestro decorador le va a encantar.

ELOY
¿Nos lo quedamos?

CÉSAR
(Asintiendo.) Da algo de vértigo…

ELOY
Ya... Pero va a salir bien.

## III. LA (DES)CONFIANZA

### CUADRO A

ELOY

Siempre he dicho que, en una pareja, es fundamental respetar la intimidad del otro. Y lo creo, de verdad, lo creo porque sé que cuando no es así, todo se va a la mierda.

Debería echarle la culpa a César, a su manía de mirar el móvil continuamente, a su necesidad de subir fotos y vídeos cada cinco minutos, a su obsesión por el maldito iPhone. Podría hacerlo, sí, pero no sería justo.

Porque yo tampoco debería haber mirado su móvil aquella tarde... Tan solo un mensaje. Un DM que se había cruzado con otro alguien a quien, me dijo, había conocido en el gimnasio. Nada más que eso. Tan solo un juego. Pero yo había leído aquellas líneas, aquel... Eso es lo que entendí. O lo que imaginé, porque el texto era breve. Mucho. Lo bastante como para que, aquella tarde, esperar a que César volviese del gimnasio fuera un auténtico infierno.

### CUADRO B

CÉSAR *entra jugueteando con su móvil. Suelta la bolsa de deporte y le da un beso a* ELOY. *Este, que sigue escribiendo en su ordenador, no le hace demasiado caso.*

CÉSAR

¿Te ha cundido?

ELOY

Bastante. ¿Y a ti?

CÉSAR

No he podido terminar la tabla. Demasiada gente en la sala de máquinas.

ELOY

Ya. No sé cómo sigues yendo allí. Deberías cambiarte.

CÉSAR

Nos pilla cerca. Si me apunto a otro que esté más lejos, seguro que no voy.

ELOY

Depende de lo motivado que estés, ¿no?

CÉSAR

¿Qué tal va la nueva novela?

ELOY

Atascado.

CÉSAR

¿Ya tiene título?

ELOY

*Cuando fuimos dos.*

CÉSAR

Mola.

ELOY

Es lo único que tengo. El puto título.

CÉSAR

¿Y ahora qué hacías?

ELOY

De momento estoy trabajando más el argumento. Andrea dice que le he pasado una sinopsis pobre y muy poco elaborada.

CÉSAR

Joder con tu editora. ¿No se pasa de crítica?

ELOY

Es su trabajo. Necesito que me diga la verdad cuando le enseño algo.

CÉSAR

La verdad se puede decir de muchas formas. A veces, es mejor matizarla.

ELOY

¿Mentir? A la larga, eso termina hiriendo igual.

CÉSAR

No te digo que tenga que mentirte. Tan solo que puede suavizar sus opiniones.

ELOY

Son interesantes.

CÉSAR

Son hirientes.

ELOY

Andrea no te cae bien.

CÉSAR

Andrea se aprovecha de ti.

ELOY

Y yo de ella.

CÉSAR

No es lo mismo. Tú creas. Ella solo te vende.

ELOY

Pero es bueno que opine.

CÉSAR

No sé, hay verdades que uno debería guardarse para sí.

ELOY

¿Cuáles?

CÉSAR

Pues las que no son útiles. ¿Para qué necesitamos saberlo todo? Yo, desde luego, no.

ELOY

Me consta.

CÉSAR

¿Seguimos hablando de tu novela?

ELOY

¿Has venido directamente del gimnasio?

CÉSAR

Vale. Hemos cambiado el tema.

ELOY

Contesta. ¿Vienes o no vienes directamente del gimnasio?

CÉSAR

¿A ti qué te parece?

ELOY

¿A mí? Nada.

CÉSAR

¿No me crees?

ELOY

Por supuesto.

CÉSAR

Sabes que yo no soporto el rollo de los celos. Lo sabes, ¿no?

ELOY

Dijimos que no seríamos celosos porque no habría mentiras, porque si pasaba algo, lo que fuera, nos lo contaríamos.

CÉSAR

Y lo entenderíamos.

ELOY

Eso dijimos, César.

CÉSAR

¿Y tú lo dijiste de verdad? ¿Seguro que entenderías todo lo que yo te contara?

ELOY

¿Lo dudas?

CÉSAR

Pues claro que lo dudo.

ELOY

¿Tanto es lo que no me estás contando?

CÉSAR

¿Por qué te empeñas en saber lo que no puedes ver? No he hecho nada, ¿vale? Pero ¿y qué si lo hago? ¿Qué pasa si me he acostado hoy con un tío del gimnasio?

ELOY

¿En su casa? ¿En el vestuario?

CÉSAR

¿Y qué más da si lo he hecho o no? ¿Cuál es la diferencia?

ELOY

Luego sí que ha ocurrido.

CÉSAR

¿Cómo coño quieres que te lo diga, Eloy? No voy a disculparme por algo que no ha sucedido. Ni por algo que, si hubiera ocurrido, tampoco te habría dicho.

ELOY

¿Ya no somos sinceros?

CÉSAR

Claro que soy sincero. Lo que yo no soy es un verdugo. Yo no.

ELOY

Tu *yo* me saca de quicio. *Yo, yo, yo…*

CÉSAR

Y a mí tu puto interrogatorio.

ELOY

¿Ahora resulta que eres tú el ofendido?

CÉSAR

Mierda, Eloy, ¿no puedes entenderlo? No pasa nunca nada. O casi nada. Pero a veces, aquí, me ahogo, porque yo necesito algo de novedad. Jugar a seducir, tan solo eso. Pero no tiene nada que ver contigo, ni con lo nuestro.

ELOY

¿Pareja abierta? Acordamos que/

CÉSAR

Acordamos que no. Los dos lo hemos probado antes con otros tíos y no nos funcionó... Pero también acordamos que entenderíamos que el otro sintiera impulsos, necesidades... Joder, momentos. Para eso no se requiere tanta mierda de sinceridad, para eso se requiere tan solo comprensión.

ELOY

¿Cerrar los ojos?

CÉSAR

¿Me quieres contar de qué coño te sirve tenerlos siempre abiertos?

ELOY

Eres un cínico. Te largas con la excusa del gimnasio, te tiras a ese tal Hugo y ahora me vienes aquí a dar un sermón sobre la verdad y la mentira y no sé qué más gilipolleces.

CÉSAR

¿Qué nombre has dicho? *(No contesta.)* Has dicho un nombre, Eloy. *(Silencio.)* ¿Pero esto de qué va?

ELOY

¿Luego tengo razón? ¿Has estado con Hugo?

CÉSAR

¿Y ahora qué? ¿Escondo el móvil bajo llave para que no vuelvas a leer mis mensajes?

ELOY

Intenta entenderlo, tú siempre…

CÉSAR

Tu *siempre* no me sirve.

ELOY

Pero cuando te conocí decías…

CÉSAR

Yo no sé lo que dije. Yo lo que sé es que cuando te conocí, decidí estar contigo. Eso debería ser suficiente.

ELOY

Te lo dejaste abierto, César. Intenté no leer, no mirarlo, pero…

CÉSAR

Cojonudo, Eloy. Acabas de mandarlo todo a la mierda tú solito. Realmente cojonudo.

## IV. LA CONVIVENCIA

### Cuadro A

CÉSAR

Yo, cuando decidimos alquilarnos algo para vivir juntos,
ya sabía que en esta buhardilla íbamos a ser tres. Eloy,
yo... y su ego. Su gigantesco y ciclotímico ego de autor.
Por eso, yo me automenciono tanto: para no olvidarme.
Porque con él es fácil convertirse en una sombra. La puta
sombra de alguien que nunca está contento.

ELOY

Quizá lo de César fue un problema de *timing*. Quizá nos
conocimos en un mal momento. Al principio, yo estaba
obsesionado con mi trabajo, con poder publicar. Y luego,
cuando me publicaron mi primera novela/

CÉSAR

*El silencio en la noche.*

ELOY

Sí, esa, pues me obsesioné con darme a conocer. Lo viví
con tanta intensidad que los dos acabamos odiando esa
novela...

CÉSAR

Pero lo peor vino después, cuando se puso a escribir la
siguiente. *Cuando fuimos dos...* No podía escribir si yo

estaba sentado en el mismo cuarto, no podía concentrarse
si yo ponía música, no podía crear si yo le interrumpía
con alguna pregunta de esas que, de vez en cuando, sir-
ven para entablar un diálogo.

Eloy

Nunca me ha gustado mucho la noche, y supongo que
con lo de la nueva novela encontré la excusa perfecta
para salir menos todavía. A César, por supuesto, le pasa
lo contrario…

César

Por eso, imagino, yo empecé a salir aún más y él a salir
aún menos, porque por culpa de la rutina nos estábamos
asfixiando sin pretenderlo… Hasta que Eloy comenzó a
obsesionarse y a mirar mi móvil. Entonces la asfixia se
hizo aún mayor. Insoportable.

Eloy

Ya... Pero no siempre fue así.


CUADRO B

Eloy

(César *acaba de leer la última página del nuevo manuscrito de*
Eloy.) Dispara.

César

¿Estás seguro?

Eloy

Segurísimo.

César

¡Me encanta!

ELOY
¿De verdad?

CÉSAR
Es buenísima.

ELOY
¿Estás de coña?

CÉSAR
Mucho mejor que la anterior.

ELOY
¿No te gustó?

CÉSAR
Coño, Eloy, no seas tan suspicaz. Claro que me gustó. Pero allí había personajes que no terminaban de funcionar y, sin embargo, aquí…

ELOY
¿Sí?

CÉSAR
Aquí funciona todo.

ELOY
Con la primera no tuve mucha suerte.

CÉSAR
Porque no era tan buena. Pero esta…

ELOY
¿Entonces tú crees que…?

CÉSAR

Vamos, saca el *champagne*.

ELOY

No tenemos *champagne*, César.

CÉSAR

¿Y eso?

ELOY

Nosotros nunca tenemos *champagne*.

CÉSAR

¿Y qué tenemos?

ELOY

Coronitas.

CÉSAR

Habrá que cambiar eso. Si *Cuando fuimos dos* va a ser un éxito, tendremos que acostumbrarnos a brindar con Moët Chandon.

ELOY

Te pierde el lujo.

CÉSAR

Ya sabes que solo estoy contigo por tu talento. Siempre he querido ser un mantenido.

ELOY

Pues tendrás que ofrecerme algo a cambio.

CÉSAR

Sigue escribiendo así y te doy lo que quieras. ¡Por tu éxito!

ELOY

¡Por *nuestro* éxito! *(Brindan.)* Voy a mandárselo a Andrea.

CÉSAR

¿Y si se lo mandas a otra editorial? Con la anterior novela no acabaste muy contento. Decías que te hicieron poco caso...

ELOY

Andrea me ha prometido que esta vez va a ser diferente.

CÉSAR

Andrea no va a entender esta novela. Es demasiado...

ELOY

¿Gay?

CÉSAR

Masculina.

ELOY

Quería hablar de nuestro mundo, César. De eso casi nunca se habla, se da por hecho que las historias de amor entre tíos son siempre planas. Y es peor aún cuando se nos usa para dar pena... Faltan historias cotidianas. Reales. Me aburre tanto trauma.

CÉSAR

Por eso me ha gustado.

ELOY

Hay mucho de nosotros.

CÉSAR

No me importa. La fama no me asusta.

ELOY

(*Riéndose.*) Idiota.

CÉSAR

Cuando me dijiste que eras novelista, ya sabía que iba a ocurrirme esto. Porque Alberto, el buenorro de la novela, seguro que soy yo, ¿no? Ese que según el narrador folla como los ángeles...

ELOY

Mira que te quieres a ti mismo.

CÉSAR

Hago lo que puedo.

ELOY

Voy a enviarla ahora mismo.

CÉSAR

Hazme caso, Eloy. Mueve la novela por otro lado. Andrea espera de ti algo más... diferente. Más rollo Cosmo.

ELOY

Se lo explicaré entonces. No quiero serle desleal ahora.

CÉSAR

Vale, pero no quiero que cambies ni una coma. Prométemelo. Es demasiado buena. Y no te retrases demasiado, que tengo ganas de celebrarlo por todo lo alto. Aunque sea sin *champagne*.

> CÉSAR *llama a* ELOY *desde la cama.* ELOY *no le hace ni caso. Finalmente,* CÉSAR *se va.*

ELOY

(*Apagando su ordenador.*) ¿Ves? Ya está. (*Se vuelve y descubre la cama vacía.*)

# V. LOS SILENCIOS

## CUADRO A

ELOY

Sabía que no iba a ser fácil convivir conmigo, por eso, antes de César, nunca me había decidido a compartir este piso con nadie.

Tuve un par de historias, sí, gente a la que he olvidado. O eso creo. Gente que a veces me cruzo por la calle y con la que volvería a equivocarme... Eso seguro.

Y cuando surgió César, bueno, cuando lo conocí quise poseerlo. No quería convivir, quería sentirlo cerca, tenerlo junto a mí, quería disponer de su cuerpo y de su sentido del humor, de su narcisismo. Me gusta que se adore, que sea tan consciente de su físico. De su sonrisa... Por eso me decidí a dar el paso, porque quería probar a convivir con alguien. Aunque no estaba seguro de cómo podría hacerlo.

Escribir no es una tarea fácil. La rutina, tampoco.

## CUADRO B

CÉSAR

¿Le has echado un vistazo?

ELOY

¿A qué?

CÉSAR
  Al hotel.

ELOY
  ¿A qué hotel?

CÉSAR
  Al de Milán.

ELOY
  ¿Cuál?

CÉSAR
  El que te he pasado.

ELOY
  Ahá.

CÉSAR
  ¿Y?

ELOY
  ¿Y qué?

CÉSAR
  ¿Que qué te parece?

ELOY
  ¿El qué?

CÉSAR
  El hotel.

ELOY
  Bien, muy bien.

CÉSAR

Acaban de reformarlo. La decoración de las habitaciones es ultramoderna, ¿te has fijado?

ELOY

Claro.

CÉSAR

¿Entonces te parece bien?

ELOY

Luego te digo.

CÉSAR

Yo creo que deberíamos hacer ya la reserva.

ELOY

Ok.

CÉSAR

¿Ok?

ELOY

César, haz lo que quieras. Ahora no puedo…

CÉSAR

*(Contestando un whatsapp.)* Vale.

ELOY

No te enfades, anda.

CÉSAR

No, si no me enfado.

ELOY

Es que estoy atascado en un capítulo, llevo toda la tarde y…

CÉSAR

El correo te lo mandé ayer.

ELOY

¿Qué correo?

CÉSAR

El correo con la web del hotel.

ELOY

¿Pero no quedamos en que te ocupabas tú?

CÉSAR

¿De qué? ¿Del viaje o de esta relación?

ELOY

Ya estamos con el melodrama... Vamos a hacer ese viaje, ¿no? Pues ya está.

CÉSAR

No está, Eloy. Pues claro que no está.

ELOY

Ahora no, César.

CÉSAR

No, claro que ahora no, Eloy. Por supuesto que no…

ELOY

(Suena su móvil.) Mierda, es Andrea. (Sale para hablar con ella.) A ver qué pasa ahora.

# VI. LA CASUALIDAD

## CUADRO A

CÉSAR

¿Dije que éramos tres? Pues creo que conté mal. Enseguida acabamos siendo cuatro. Tres en su bando: él, su ego y su queridísima Andrea, y uno solo en el mío. Mi bando, además, no es artístico, ni creativo, ni nada... Mi bando es un trabajo en unos grandes almacenes donde no me realizo demasiado, pero —a cambio— tengo un humor mucho más estable que el de mi pareja.
Perdón, que el de mi ex.

## CUADRO B

ELOY

¿No tienes la última temporada?

CÉSAR

Me temo que no.

ELOY

¿Y de importación?

CÉSAR

Tampoco. Quizá en Amazon.

ELOY
Ya probé. No hubo suerte.

CÉSAR
Yo estoy aún en la primera.

ELOY
¿Y?

CÉSAR
Bien. No sé. Soy más de *Mad Men*.

ELOY
Son compatibles.

CÉSAR
Supongo. ¿Te avisamos si la recibimos?

ELOY
¿La vais a recibir?

CÉSAR
Puedo intentar pedírtela.

ELOY
Sería estupendo.

CÉSAR *le da un papel y un bolígrafo de su cuaderno de pedidos.*

CÉSAR
Voy a necesitar tu nombre.

ELOY *escribe mientras* CÉSAR *lo observa.*

CÉSAR
Y tu teléfono.

ELOY *alza la vista y los dos se sonríen divertidos.*

CÉSAR
*(Cogiendo el papel y leyéndolo.)* Bonita letra… Eloy.

ELOY
Escribo bien. Supongo que es cosa de oficio.

CÉSAR
¿Novelista?

ELOY
Empezando. De momento no he conseguido que me publiquen casi nada.

CÉSAR
Si llega tu serie, te aviso.

ELOY
¿Y si no llega?

*Los dos comienzan a besarse y a desnudarse hasta caer, desnudos y profundamente excitados, en la cama común.*

## VII. EL SEXO

### Cuadro A

*Tras el orgasmo previo.*

ELOY

Y no llegó. Pero tampoco tardamos mucho en irnos a la cama. Podría inventarme que nos conocimos primero, que hablamos, que nos dijimos algo que nos hizo sentir cierta química… Podría, sí. Pero sería mentira.

CÉSAR

Yo nunca he funcionado así. Yo solo sé comunicarme a través del sexo. Desde adolescente… Entonces, cuando me enamoraba de algún compañero de clase hetero no tenía que confesarle nada, bastaba con esperar alguna situación ambigua, después de algún partido, en las duchas, alguno de esos instantes en los que podías masturbar al chico que te gustaba fingiendo que eras tan hetero como él, que lo único que querías era uno de esos desahogos que a los catorce años parecen naturales, porque nadie habla de ellos: solo suceden.

ELOY

César no ha cambiado gran cosa desde entonces, aunque quizás ahora calcule mucho mejor los espacios. Nunca las consecuencias… A veces me pregunto por qué se decidió a compartir conmigo un trozo de su vida…

48

César

Alguien debería haberme avisado de que ese trozo, cuando todo se va a la mierda, acaba pudriéndose.

## Cuadro B

*Los dos comienzan a vestirse de nuevo.*

Eloy

No ha estado mal.

César

¿Cómo dices?

Eloy

*(Riendo.)* Vale, vale, me rindo. Ha sido estupendo.

César

Se me da bien.

Eloy

Algún mérito habré tenido yo, ¿no?

César

Digamos que eres bueno calentándome. No suele gustarme que hablen en la cama, pero tú…

Eloy

Hablo solo lo justo.

César

Cabrón… *(Besándolo.)* Sabes bien.

Eloy

Si hubieras tenido mi serie, habría sido una noche perfecta. De diez.

CÉSAR

¿Llegué al nueve, entonces?

ELOY

El nueve requiere indagar más. Lo dejamos en ocho.

CÉSAR

Tendrás que encargarme algo más.

ELOY

No sé, tal vez la integral de *Mad men*, así la vemos juntos.

CÉSAR

Yo soy un poco Don.

ELOY

¿Don Draper? ¿Tan guapo te ves?

CÉSAR

Irresistible… Pero no nos parecemos solo en eso.

ELOY

Entiendo.

CÉSAR

No quiero que te hagas ilusiones. No te voy a decir que ya te llamaré. Yo no llamo nunca.

ELOY

¿Ni siquiera vas a querer mi Instagram? Lástima, me vendrían bien más *followers* para mi nueva novela.

CÉSAR

¿Me vas a convertir en hombre en objeto?

ELOY

No me importaría.

CÉSAR

Se me da mal. Yo prefiero llevar la iniciativa.

ELOY

En ese caso, si te apetece probar a sacar ese diez, llámame tú. Mi número lo tienes.

CÉSAR

No creo que lo haga.

## VIII. LOS AMIGOS

### Cuadro A

Eloy

Tardó, exactamente, un mes.

No fue mucho tiempo, pero sí el suficiente para que yo atormentara con dudas a mis amigos y conocidos. Ya no tenían solo que responder a mi obsesión sobre mi primera novela (¿se publicará? ¿no se publicará? ¿quién la publicará?) , sino que ahora también debían saber si César volvería o no a mi vida (¿me escribirá?, ¿me llamará?, ¿tendría que haber cogido yo su número?, ¿por qué no le pedí tampoco sus redes?, ¿se pondrá en contacto conmigo otra vez?).

Fueron treinta días agotadores, claro, pero no solo para mí, sino —sobre todo— para mis amigos.

### Cuadro B

César

*(Entrando de la cocina.)* ¿Cenamos algo?

Eloy

Yo me voy a la cama. Estoy muy cansado.

César

¿Te pasa algo?

ELOY
¿A mí? Nada.

CÉSAR
Pues lo disimulas de puta madre.

ELOY
Que te he dicho que no me pasa nada.

CÉSAR
Encima que me he tragado el coñazo ese de tu amigo...

ELOY
Claro.

CÉSAR
Pues ya está.

ELOY
Para poner la cara que has puesto te podías haber quedado en casa.

CÉSAR
Es que no me ha gustado.

ELOY
¿En serio? Ni me había dado cuenta... Creí que tu cara de asco era por otra cosa.

CÉSAR
¿Y qué cara querías que pusiera? ¿La tuya? Yo no soy un hipócrita, Eloy.

ELOY
No es hipocresía, coño. Es educación. No se le puede

poner esa cara de perro a alguien que acaba de estrenar una obra.

CÉSAR

¿Ni siquiera si ese alguien es Adolfo? Porque Adolfito tiene un ego que te cagas.

ELOY

En mi mundo eso es habitual. Los creadores somos muy inseguros y necesitamos...

CÉSAR

Los creadores... Joder, cuando te pones místico no hay quien te aguante.

ELOY

La obra no era tan mala.

CÉSAR

No, si no era mala.... Era una mierda.

ELOY

¿Qué pasa? ¿Tan mal te cae Adolfo?

CÉSAR

Sí, me cae fatal. Y a ti también, Eloy. No me seas falso. Si no fuera porque tiene contactos en prensa, ni le dirigirías la palabra.

ELOY

Se te ve que solo te caen bien mis amigos cuando babean detrás de ti en tu perfil, ¿no?

CÉSAR

Ya estamos...

ELOY

La próxima vez mejor no vengas. Pero eso sí, a ver si te aclaras y me dices qué coño quieres. Porque si no te llevo, resulta que no te tengo en cuenta. Y si te llevo, te sientes incómodo.

CÉSAR

Yo no me sentía incómodo. Que no me haya gustado ese coñazo de obra no quiere decir que me sintiera incómodo.

ELOY

La obra de Adolfo es una propuesta arriesgada.

CÉSAR

La obra de Adolfo es un bodrio pedante. Pero si no había ni una puta frase natural en toda la obra…

ELOY

Que no sea natural no quiere decir que sea mala. Lo que pasa es que a ti ese tipo de literatura… *(Se corta. Se da cuenta de que acaba de meter la pata.)*

CÉSAR

¿Qué?

*Silencio de* ELOY.

CÉSAR

Vamos, suéltalo, Eloy.

ELOY

Sabes que no quería decir…

CÉSAR

No, pero lo has dicho. Y sin abrir la boca… Ya me insultas hasta cuando no hablas.

**Eloy**

No te insulto. Solo iba a decir que quizá no la has entendido.

**César**

No me subestimes.

**Eloy**

¿Por qué lo personalizas todo de ese modo? No puedo pasarme la vida censurándome para no herirte, César. Es agotador decirte solo lo que quieres oír.

**César**

¿Y qué se supone que quiero oír yo?

**Eloy**

Elogios. Uno detrás de otro.... Estás acostumbrado a que vayan siempre detrás de ti, a que te coman la oreja entre unos y otros. Pero yo no soy uno más de tus admiradores *on line*. Lo nuestro no va de eso, César.

**César**

¿Y de qué va? ¿Me explicas de qué va? Es que a lo mejor yo no me entero. Como soy tan cortito... *(Sale a respirar intentando calmarse. Pausa. Vuelve a entrar. Más conciliador, esforzándose por no explotar.)* Mira, si quieres le mando mañana un whastapp a Adolfo y le juro que me ha encantado su bodrio. Me disculpo por mi careto de hoy y punto. Siempre puedo decir que me encontraba mal.

**Eloy**

Hazlo, sí. Adolfo es un buen tío.

**César**

Adolfo es gilipollas. Pero es uno de tus mejores contactos, ya lo sé.

ELOY

Esto funciona así.

CÉSAR

Eloy, que te quede claro que si me disculpo con Adolfo, lo hago solo por ti.

ELOY

Tampoco te hagas tanto el mártir…

CÉSAR

¿Y eso a qué viene ahora?

ELOY

Yo alucino contigo. ¿No sabes interpretar una broma?

CÉSAR

Está claro que no. No entiendo ni tus bromas ni las obras de tus amigos. Se ve que me he vuelto imbécil de repente.

ELOY

No manipules mis palabras, César.

CÉSAR

¿Sabes? Quizá no sea tan mala idea…

ELOY

¿El qué?

CÉSAR

Lo de la nueva sucursal.

ELOY

¿Qué nueva sucursal?

CÉSAR

Mi empresa abre tienda en Bilbao.

ELOY

No me habías dicho nada.

CÉSAR

Para qué... Últimamente no se puede decir que hayas tenido demasiado interés en escucharme.

ELOY

¿Y?

CÉSAR

Me han propuesto formar parte del equipo que la pondría en marcha.

ELOY

¿En Bilbao?

CÉSAR

¿Tú que crees?

ELOY

¿Y eso cuándo sería...?

CÉSAR

En un par de meses. En unas siete u ocho semanas nos mandan allí.

ELOY

¿Cómo que os mandan? ¿No habrás dicho que sí sin consultarme?

CÉSAR

¿Tengo que consultarte?

ELOY
¿Tú qué crees?

CÉSAR
Cuando pasó lo de tu novela…

ELOY
Ya salió…

CÉSAR
… me dejaste muy clarito que en temas profesionales no teníamos que consultarnos nada.

ELOY
Joder, tío, que rencoroso eres… Además, no es lo mismo. Lo de *Cuando fuimos dos* fue diferente… Y, en fin, tu trabajo tampoco es… *(Vuelve a detenerse. Vuelve a equivocarse.)*

CÉSAR
Sigue, anda. Sigue. Mi trabajo no es ¿qué?

ELOY
No puedes tomar una decisión así sin que lo hablemos tú y yo antes.

CÉSAR
Solo somos tú y yo cuando tú quieres. ¿Te has dado cuenta?

ELOY
No lo simplifiques.

CÉSAR
Puede que nos venga bien hacer esa pausa.

ELOY
¿Tú en Bilbao y yo en Madrid? ¿Y eso para ti es una

pausa? No puedes irte ahora. Estoy en plena promoción de la novela. Escribiendo la próxima. Necesito que todo siga igual. Que tú me apoyes.

CÉSAR

Estoy cansado de ser tu sombra, Eloy. Yo no he sido nunca la sombra de nadie. Yo he sido el que deslumbra, el que se folla a todo el que se le cruza en su camino. Eso es lo que yo era, joder. Lo que yo era… Y no pienso seguir yendo a decorar los estrenos de tus amigos, ni sus exposiciones, ni toda esa mierda que tú me vendes como cultura y que no es más que otra puta mentira más. Igual que lo nuestro. Lo nuestro es mentira también, Eloy.

ELOY

No sientes lo que dices.

CÉSAR

Y eso qué más da…

ELOY

Nos merecemos que esto salga bien.

CÉSAR

¿Y tú crees que esto puede salir bien?

ELOY

Claro que puede. Solo estamos pasando un mal momento.

CÉSAR

Malísimo, sí. *(Pausa.)* No sé… Quizá podríamos salir de aquí unos días. Intentarlo fuera.

ELOY

¿Dónde?

CÉSAR
Y qué más da… Con estar lejos de aquí me vale.

ELOY
Ahora no me va bien. Tengo mucho lío con/

CÉSAR
¿Ves cómo es imposible?

ELOY
¿Es imposible el qué?

CÉSAR
Joder, pues todo.

ELOY
Estoy muy pillado de tiempo, César.

CÉSAR
¿Quieres que lo arreglemos o no, Eloy?

ELOY
Pero Andrea/

CÉSAR
Coño, Andrea. Cinco minutos sin mencionarla. Un récord.

ELOY
Andrea me ha pedido disponibilidad absoluta este mes. Tengo que/

CÉSAR
Tienes que salvar esto.

ELOY
¿No hay otro modo?

César
¿Puedes demostrarme que lo nuestro te importa?

Eloy
Vale, está bien. Dos noches. Pero solo dos noches.

César
De acuerdo. Yo me encargo.

# IX. LA ADICCIÓN

## CUADRO A

CÉSAR

Lo que pasó fue que yo me enganché. Como un idiota. Me enganché a las noches juntos. A escribirnos hasta las tantas. A morirme de sueño por las mañanas por culpa de pasar las madrugadas chateando con un tío que me hablaba de sí mismo la mitad del tiempo y de cine y de series y de libros en la otra mitad.

ELOY

César sabía que yo era como era. Que soy como soy. Pero se autoengañó él. O me autoengañé yo. No sé, ya ni lo sé. Cuanto más lo pienso, menos claro... Más borroso el recuerdo.

## CUADRO B

*Los dos en la cama, sudorosos y felices de reencontrarse.*

CÉSAR

¿Diez?

ELOY

Nueve y medio.

CÉSAR

Qué hijo de puta…

ELOY

Después de un mes, tengo derecho a restar medio punto.

CÉSAR

No es habitual que yo repita.

ELOY

¿Me lo tomo como un elogio?

CÉSAR

Yo solo te lo digo. Tú puedes tomártelo como te dé la gana.

ELOY

Dices mucho *yo*. ¿Tanto te quieres?

CÉSAR

Algo. ¿Tú no?

ELOY

Menos que tú.

CÉSAR

Lo dudo.

ELOY

¿Y eso? ¿Dos polvos y ya me conoces?

CÉSAR

Follando se conoce muy bien a la gente. Y tú eres de los que quiere todo el placer para sí. Das solo porque sabes que vas a recibir.

ELOY
¿Ahora también soy un egoísta?

CÉSAR
Un poco sí. Pero los hay peores.

ELOY
Joder, pues sí que te ha dolido el medio punto…

CÉSAR
Confiesa que te preocupa más tu placer que el ajeno.

ELOY
¿A ti no?

CÉSAR
A mí no. A mí me gusta saber que soy la causa de ese placer ajeno.

ELOY
No parecías tan sofisticado.

CÉSAR
Ni tú tan morboso.

ELOY
Ya ves, cosas que pasan.

*Caen de nuevo en la cama. Apasionados. Y reincidentes.*

# X. LA (IN)TRASCENDENCIA

## Cuadro A

CÉSAR

A mí antes de Eloy me iba bien. No era nada profundo, claro. Pero era divertido. Un tío diferente cada noche. Y punto. Hasta que llegó él. Llegó él y yo me decidí, por primera vez, a apostar de verdad por alguien... Joder... Y todo para qué.

ELOY

Cómo que para qué... César, no podemos dejar que lo nuestro se vaya a la mierda, así, sin más. Total, por unos cuantos mensajes mal leídos...

CÉSAR

... o por una novela ridícula...

ELOY

... o por la obsesión con mi amigo Martín, con el que César insistía, ambiguo, en que...

CÉSAR

Si hubo algo, no fue más que un polvo sin consecuencias.

ELOY

Pero para mí sí las tenía.

CÉSAR
Para Eloy todo tiene siempre un millón de jodidas consecuencias. Intenté explicarle que para ser feliz tenía que
aprender a ser un poco más intrascendente, pero —me
temo— eso no lo entendió.

ELOY
Eso nunca pude —ni quise— entenderlo.

## CUADRO B

CÉSAR *busca su reloj y, casualmente, encuentra la novela de*
ELOY. *Al principio, al ver la cubierta, se ilusiona con ella,*
*luego —al leer la contra— siente una profunda decepción.*

ELOY
¿Podemos irnos ya?

CÉSAR
Paso.

ELOY
¿Estás de coña?

CÉSAR
Me quedo en casa.

ELOY
¿Pero tú qué te has metido? ¿Te vas a quedar en casa
hoy? ¿El día de la presentación de mi novela?

CÉSAR
Eso no es tu novela.

ELOY

Tenemos que llegar en una hora. Si no te importa, podrías/

CÉSAR

Pues sí, sí que me importa. Me importa que no me hayas contado nada de todo esto.

ELOY

¿Contar de qué?

CÉSAR

(*Lee la contraportada.*) «*Cuando fuimos dos.* Una historia conmovedora sobre una mujer obligada a elegir entre dos hombres». Esto no es tu novela, Eloy. Esto es una puta mierda.

ELOY

Sabía que te pondrías así, por eso no quise/

CÉSAR

Por eso me anulaste. Total, para qué iba a opinar sobre tu trabajo. Sobre tu libro. Sobre tu mundo. Joder, tu mundo, Eloy. Ese en el que no cabe nadie más. Yo, por lo menos, no.

ELOY

En la editorial no les pareció oportuno que la protagonista fuera una pareja gay. No es comercial, lo sabes. Y creían en esa historia. Solo había que/

CÉSAR

¿Normalizarla?

ELOY

Hacerla hetero para que resultara mucho más comercial.

CÉSAR
¿Pero tú te estás oyendo?

ELOY
Es mi novela.

CÉSAR
No, Eloy, no lo es. Lo era antes de que te vendieras.

ELOY
No me he vendido a nadie.

CÉSAR
Estás a punto de hacerlo.

*Se miran en silencio. Desafiantes.*

ELOY
Acompáñame.

CÉSAR
*(Rotundo.)* No.

ELOY
Está bien. Compré un par de botellas de ese puto *champagne*. Bébetelas si quieres.

*Portazo.*

# XI. LA INTIMIDAD

## CUADRO A

ELOY

Lo nuestro ocurrió aunque nos opusimos a ello. Aunque él tardaba en llamarme y yo nunca le devolvía esas llamadas. Aunque me propusiera ser digno y orgulloso...

CÉSAR

Aunque yo tirara de agenda, de Instagram y de Grindr para follarme todo lo follable... Daba igual. Seguía obsesionado...

ELOY

Con verle. Con conocerle. Con conseguir de él algo más que uno de aquellos polvos que siempre acababan con una conversación parecida. Una charla breve que consiguió sacar lo mejor de mí en un primer momento.

CÉSAR

Y lo peor de los dos, unos meses después...

## CUADRO B

CÉSAR

*(Deshaciendo la maleta.)* ¿Vas a seguir así?

ELOY

¿Así cómo?

CÉSAR

No has abierto la boca en todo el día. Ni en el avión ni al llegar ni…

ELOY

El silencio nos viene bien. Así evitamos decir gilipolleces.

CÉSAR

Se suponía que esto…

ELOY

Esto.

CÉSAR

Estábamos de acuerdo en…

ELOY

Yo nunca dije que lo estuviera. Yo dije que nos íbamos de viaje si era lo que querías. Que vale, que sí, que me venía a Milán contigo. Simplemente no quería discutir, así de fácil.

CÉSAR

Me rindo, Eloy. No puedo seguir peleando solo.

ELOY

Es que no peleas solo, César. Peleas conmigo.

CÉSAR

Porque intento arreglarlo.

ELOY

¿Follándote a Martín? ¿A Hugo? ¿A quien cojones te estés follando ahora?

CÉSAR

No sigas por ahí.

ELOY

Lo intento, te juro que lo intento. Pero no sé cómo recons-
truir la confianza. La que he perdido.

CÉSAR

Por tu culpa.  Quién coño te mandó meterte a *hacker*.
Piratear mi intimidad, joder.

ELOY

La intimidad, en una pareja, es cosa de dos.

CÉSAR

No, tío, no te confundas. La intimidad siempre es algo de
uno. Si no se va todo a la mierda. La pareja. La amistad.
Lo que sea… Mírate a ti.

ELOY

¿A mí? Yo no me he acostado con nadie en este tiempo.

CÉSAR

Porque no puedes. Porque la única persona a la que te
follarías eres tú mismo. Tu puto ego. Por eso me eres fiel
con el resto del mundo. Bastante espacio de intimidad
me robas tú solito.

ELOY

Filosofía barata.

CÉSAR

Tiene gracia. Hemos tenido que venir hasta Milán para…

ELOY

¿Hablarnos con sinceridad?

CÉSAR
Para dejarlo.

ELOY
¿Estás de coña?

# XII. LA E-COMUNICACIÓN (Y 2)

## Cuadro A

CÉSAR

Intenté romper con él civilizadamente. Pero desmontar el piso resultó mucho más duro que montarlo. Eloy se eternizaba en cada decisión. En cada objeto… Y eso que lo primero tampoco había sido nada fácil…

ELOY

César tiene prisa por acabar con todo…, pero yo no. Sí, es cierto. No atravesamos una buena racha. ¿Y a qué pareja no le pasa? ¿No vamos a luchar?

CÉSAR

Estoy agotado, Eloy. Llevamos tanto tiempo luchando que ni siquiera sé qué es lo que nos une. O lo que nos unía.

ELOY

Tú sabes que aún hay algo. Hay química, joder. Y hasta deseo. El sexo, por ejemplo. El sexo nos ha funcionado siempre.

CÉSAR

Ya.

74

**ELOY**

Por eso, supongo, no entendí que César acabara buscando a otras personas.

**CÉSAR**

Tú no lo entiendes porque tu cuota de ego la cubres con tus seguidores. O con tus lectores. Tu infidelidad es intelectual, Eloy, mucho más peligrosa que la mía, que es puramente física.

**ELOY**

A mí su argumento me parecía una gilipollez, aunque lo entendiese... Su discurso no impedía que me sintiera como un imbécil cada vez que intuía que César se había acostado con otro tío... Uno de esos tíos cuya existencia me camuflaba en los mensajes donde se fueron desgastando las palabras hasta que empezaron a no significar nada.

**CÉSAR**

TQM.

**ELOY**

Y más tarde, un TQ.

**CÉSAR**

Y después, solo Bs.

**ELOY**

O tan solo una B. Así, a secas. Una jodida B.

## CUADRO B

**ELOY**

(*Tratando, inútilmente, de concentrarse en su trabajo. Llega un whatsapp.*)

«Mi amor, no llego a la cena. Empieza sin mí. Tqm».

Ya estamos. Ya estamos como siempre... *(Escribe y responde.)* A ver qué le pasa a este ahora. A ver qué excusa se inventa para no venir a cenar conmigo. *(Tras mensajearle, vuelve a intentar concentrarse, pero solo es capaz de esperar, ansioso, la respuesta de* CÉSAR.*)*

«Rollos familiares, Eloy. Ya sabes. Te cuento mañana. Tq».

Cojonudo... Una excusa muy elaborada, sí, señor. *(Tecleando.)* Lo que más me duele es que últimamente ni se molesta en disimularlo, joder. Ni un simple audio. Qué va… Ahora se conforma con esto, con soltarme una frase cualquiera y pretender que yo me la trague. Así, sin rechistar. Total, como si no le conociera... Como si no supiera que ahora mismo está con ese tal Hugo. O con Jaime. O con quien coño sea que está... Pero no. Aquí luego el neurótico soy yo, el que se come la cabeza aquí soy yo, el que dice que lo asfixia resulta que soy yo... *(Lo interrumpe un nuevo mensaje. Corre ansioso a leerlo.)*

«No creo que pueda escapar antes de la 1. B.».

*(Enfadado. Angustiado. Crispado.)* No, claro que no va a poder escaparse antes de la 1. Cómo va a escaparse él antes de la 1... *(Tecleando su mensaje de respuesta.)* Y eso si se viene a dormir a casa. *(Da vueltas por la habitación, hablando solo y mirando compulsivamente su móvil, esperando un whatsapp que no llega. Que nunca va a llegar. Harto y desesperado, acaba lanzando el teléfono contra la cama.)*
¡Mierda!

# XIII. LA COMPLICIDAD

## Cuadro A

CÉSAR

*(Entra con la primera novela de* ELOY, *enseñándosela al interlocutor con quien ambos hablan.)* Aquí está. Junto con nuestros viejos DVD, es uno de los pocos objetos de esta habitación que asocio con algo positivo... *El silencio en la noche,* su primera novela. No vendió casi nada/

ELOY

Hombre, algo sí que/

CÉSAR

Y el texto, bueno, el texto era un poco pesado, la verdad.

ELOY

¿Pesada? ¿Mi novela te pareció pesada?

CÉSAR

Pero ese sí que fue un proceso especial. Uno de los que forman parte de los buenos recuerdos, aunque él piense que no. Porque, en el fondo, Eloy sigue sin saber que lo que me asfixia no es su parte literaria. Eso aprendí a entenderlo. Incluso a disfrutarlo. A mí lo que me ahoga son sus dudas. Sus interrogatorios. Su maldita inseguridad.

ELOY

No me ayudabas a eliminarla, César. Ni a controlarla. No puedes conseguir que alguien inseguro deje de serlo si lo tienes siempre en segundo plano, si solo le dices verdades a medias, si no cuentas con él para/

CÉSAR

¿Para qué, Eloy? Tú tampoco contaste conmigo cuando la editorial decidió convertirte en una persona que no eres. A mí me gustaba el Eloy de su primera novela. Y eso que el argumento era un poco coñazo…

ELOY

Vaya, ahora resulta que era un coñazo.

CÉSAR

Pero en esta no había censura ni rollos políticamente correctos, aquí no te habías venido a nadie todavía.

ELOY

Yo también asocio esa primera novela con los buenos tiempos de nuestra relación. Porque entonces sí encontraba en César un apoyo. Y un cómplice… Luego ya no. Luego se convirtió en…, bueno, en esto: en un juez que siempre está en posesión de la verdad. Un juez que se permite el lujo de decir que me estoy vendiendo sin pararse a pensar en nada más. Un juez que mira la realidad desde su puto ombligo y que siempre tiene una etiqueta para todo. Especialmente para mí. Pero ese César apareció después. El del principio no era así. El de la primera novela no tenía nada que ver con el que vendría luego. (A CÉSAR.) Con el que a veces me cuesta tanto reconocer.

## CUADRO B

ELOY

No me lo puedo creer... Dos años... Dos años escribiendo *El silencio en la noche,* llega el día de la presentación y el único imbécil que se queda en silencio... ¡soy yo! Joder, cinco segundos. Cinco segundos incapaz de decir nada... Una eternidad... Y luego mi madre... Que mi madre ya podría ser una madre de artista convencional, coño, y alabar a su hijo, que tampoco es tan difícil, digo yo, pero no, a mí me ha tocado una madre crítica, qué suerte, ha tenido que ser ella primera en notarlo. Y claro, como no se calla ni debajo del agua, pues...

CÉSAR

¡Pero si ha ido genial!

ELOY

*(Como un crío. Buscando apoyo.)* No me mientas, anda...

CÉSAR

En serio. Me ha encantado cómo lo has hecho.

ELOY

Pero si he tenido un blancazo. Un blanco de cinco segundos, César...

CÉSAR

No se ha notado.

ELOY

Por favor, si hasta mi madre me lo ha dicho.

CÉSAR

Es que tu madre es muy crítica, Eloy. A tu madre no se le escapa ni una nunca.

ELOY

Eso es verdad…

CÉSAR

Además, esos olvidos son normales, ¿no?

ELOY

*(Imitándose a sí mismo.)* «*El silencio en la noche* es una novela en la que he querido contar…». Hasta ahí. De repente, ni una palabra más. Esos cinco segundos me han parecido eternos…

CÉSAR

A Ángela/

ELOY

Andrea. Qué manía tienes con cambiarle el nombre a mi editora…

CÉSAR

Es verdad, a ver si me lo aprendo de una vez… Pues eso, que a Andrea parece que hasta le ha hecho gracia. Se ha sonreído.

ELOY

Sería su sonrisa falsísima de *esto-no-me-puede-estar-pasando-a-mí*… En fin, a ver si cojo práctica. Mañana tengo una entrevista en la radio y no puedo cagarla otra vez…

CÉSAR

*(Imitándole.)* «Esta novela trata de… Trata de…».

ELOY

*(Riéndose.)* Capullo…

CÉSAR
Venga, no te rayes tanto... Había muchísima gente.

ELOY
Muchos amigos.

CÉSAR
¿Quieres parar?

ELOY
¿De qué?

CÉSAR
De fustigarte. Suelta ya el látigo, anda... Ha sido una presentación estupenda de una primera novela. Habrá más, Eloy.

ELOY
¿Y me quedaré en blanco también?

CÉSAR
Has puesto una cara muy tierna... En el fondo, ese olvido ha sido lo más dulce de la noche... Si no fueras mi novio, te habría entrado allí mismo.

ELOY
¿Ah sí?

CÉSAR
Claro, ese rollo del intelectual desvalido e indefenso me pone mucho.

ELOY
A mis amigos también les has gustado bastante.

CÉSAR
Ya era hora de que me los presentaras.

ELOY

No sé si me apetece compartirte, que hay mucho lobo suelto...

CÉSAR

*(Bromeando.)* ¿Mucho qué?

ELOY

*(Riendo, lanzándose sobre él.)* Mucho lobo.

CÉSAR

¿Y qué vas a hacer? ¿Atarme a la cama en plan Almodóvar?

ELOY

Mira, pues eso no lo hemos ensayado aún... Con lo cinéfilo que tú eres, lo podríamos probar.

CÉSAR

Podemos verla juntos de nuevo. Lo mismo nos da ideas...

ELOY

Habrá que pensar en algo para celebrarlo.

CÉSAR

Podemos irnos de viaje a algún sitio. En la Fnac me deben unos cuantos días de vacaciones.

ELOY

Vale, pero que sepas que voy a meter unas cuerdas en la maleta. Por si acaso...

# XIV. LA DESPEDIDA

## CUADRO A

CÉSAR

No quiero ataduras. De ningún tipo.

Así se lo he dicho al último tío que he conocido en Grindr, porque me da la sensación de que es de los que se embalan y buscan, como sea, al amor de su vida. Yo ya no quiero ser el amor de la vida de nadie. Sobre todo, porque mi vida antes de la ruptura con Eloy era mucho menos coñazo de lo que lo es ahora.

¿La verdad? La verdad es que estoy hasta los huevos de ver toda mi vida metida en cajas. Y no quiero que nadie me robe ni una sola caja más.

## CUADRO B

ELOY

*(Empaquetando. Despidiéndose del lugar compartido.* ELOY *le ofrece a* CÉSAR *el cuadro de Martín que colgaron juntos.)* ¿Lo quieres tú?

CÉSAR

Nunca me gustó.

ELOY

Ya.

*Silencio incómodo. Mucho.*

CÉSAR
¿Y los DVD?

ELOY
¿Cuáles?

CÉSAR
Los que compramos a medias.

ELOY
No sé.

CÉSAR
Tú eres el escritor.

ELOY
¿Y qué?

CÉSAR
No me importa que te los quedes. Considéralos una herramienta de trabajo.

ELOY
Llévatelos. Si los necesito, puedo pedírtelos.

CÉSAR
No.

ELOY
¿Qué?

CÉSAR
Si me los llevo yo, no volverás a verlos.

ELOY
¿Estás de broma?

CÉSAR
No pienso contestarte un mensaje pidiéndome un DVD.
No pienso contestarte a un mensaje pidiéndome nada,
Eloy. Porque cualquier cosa que yo te responda te pare-
cerá ambigua y la interpretarás como te dé la gana.

ELOY
Solo te estaría pidiendo un DVD.

CÉSAR
Y tendríamos que quedar para dártelo.

ELOY
¿Eso es malo?

CÉSAR
Eso es tentar la suerte. Y removerlo todo.

ELOY
Solo estarías dejándome una película.

CÉSAR
Y para eso tendríamos que hablar antes. Y vernos. Y
aguantarnos la mirada. Y hasta las ganas.

ELOY
Las ganas de…

ELOY
(Acercándose a él. Tentándolo.) Sigue.

CÉSAR
Llévatelos tú, hazme caso.

ELOY
¿Las ganas de qué, César?

CÉSAR
El cine nunca me gustó tanto como a ti.

ELOY
¿Y lo de las series? ¿Y lo de Don Draper?

CÉSAR
Pura fachada.

ELOY
¿Estás seguro?

CÉSAR
*(A punto de perder el control.)* ¿A qué juegas, Eloy?

ELOY
*(Junto a él. Provocándole cada vez con más intensidad.)* ¿Las ganas de qué, César?

CÉSAR
No deberías… Eloy, no deberíamos…

ELOY
¿Las ganas de qué?

> CÉSAR *no logra contenerse y acaban besándose, cayendo uno encima del otro sobre las cajas.*

# XV. ¿EL FINAL?

## CUADRO A

CÉSAR

Ha ocurrido más de una vez. No significa nada, pero a veces ocurre. Yo dejo, dejamos que suceda. Nada más.

ELOY

Llevamos separados casi un año, pero aún le busco con cualquier excusa ridícula para hacer el amor.

CÉSAR

Por eso, supongo, no soy capaz de organizar las ideas. Ni las emociones. Porque Eloy no me deja. O porque yo tampoco quiero que me deje. Yo qué sé... Y sigo metido en caos donde seguramente sí que hubo un principio. Incluso un desenlace. Pero yo no lo veo. Yo no lo siento así. Yo solo tengo escenas y fragmentos...

ELOY

César dice que ha rehecho su vida. Que ha empezado de nuevo. Yo, la verdad, ni siquiera tengo nada que decir al respecto. Sé que sigo escribiendo. Que en mi nueva novela también me han tachado el tema gay porque Andrea ha descubierto que tengo un gran porvenir en el drama romántico para lectoras de mediana edad. Supongo que estoy descubriendo las ventajas de la prostitución literaria.

O quizá es que todavía tengo demasiado reciente lo de César como para poder escribir algo que sea verdad. Algo que no me duela.

## CUADRO B

CÉSAR

*(Está besándose con* ELOY, *ambos en el suelo, tal y como los hemos dejado en la escena anterior. Suena su móvil.)* Perdona. *(Al móvil.)* ¿Sí?... No, no, tranquilo, no molestas... No, no... Me pillas en casa, estoy aquí con Eloy... Sí, con... *(Sin saber cómo denominarlo,* ELOY *no puede evitar darse por aludido.)* Sí, creo que te he hablado de él... Es mi... Es un... Sí, un amigo.... Ya, ya... Ok, si no te importa casi te llamo yo mejor... Sí, en cuanto llegue a casa... Chao.

ELOY

¿Un amigo?

CÉSAR

De la tienda.

ELOY

¿Y yo?

CÉSAR

¿Tú qué?

ELOY

¿Que si solo soy un amigo?

CÉSAR

¿No somos amigos?

ELOY

Hombre, al de la tienda no creo que le comas la boca tan a menudo...

CÉSAR

Hay amigos de muchos tipos, Eloy.

ELOY

Según lo que entiendas por amistad... A ver, llevamos follando casi un año. Y hablando, yendo al cine, tomando copas y haciendo otras cosas que no sean sinónimo de echar un polvo, pues... unos nueve meses.

CÉSAR

¿Y?

ELOY

Pues que yo no diría que somos solo amigos.

CÉSAR

¿Y por qué no?

ELOY

Pues porque no. Vamos a ver, ¿tú te acuestas con todos tus amigos?

CÉSAR *pone cara de pícaro y, antes de que responda,* ELOY *lo corta.*

ELOY

Mejor no contestes.

CÉSAR

*(Burlándose de él.)* ¿Qué pasa? ¿Me vas a pedir salir o qué?

ELOY

Este tema te pone nervioso.

CÉSAR

¿A mí?

ELOY

Sí. Cuando te da la vena irónica es porque algo te pone muy nervioso.

CÉSAR

Ya salió el psicoanalista ese que tienes dentro... A ver, Eloy, ¿qué se supone que me pone nervioso?

ELOY

*(Imitando el tono de un psicoanalista.)* Definir el espacio intersubjetivo de nuestra relación.

CÉSAR

*(Riéndose con* ELOY.*)* A mí no me pone nervioso definir nada... Además, lo nuestro es muy sencillo. Nos gusta estar juntos, nos lo pasamos bien juntos y follamos de puta madre juntos.

ELOY

Me he colgado de ti por lo poético…

CÉSAR

*(Ciego de ego: le encanta la confesión que ha expresado* ELOY *sin pretenderlo.)* ¿Que te has colgado?

ELOY

*(Se da cuenta de que se le ha escapado algo que no pensaba decir.)* Un poco, sí... *(Defendiéndose.)* Pero igual que tú.

*Luchan bromeando y acaban en la cama.*

CÉSAR
Yo no.

ELOY
Claro, tú no... ¿Y si te digo que no follamos más?

CÉSAR
No jodas.

ELOY
¿Ves? Estás enganchado.

CÉSAR
Estoy enganchado al sexo.

ELOY
Sí. Al sexo conmigo.

CÉSAR
Vamos, que me estás pidiendo salir.

ELOY
Te estoy diciendo que si quieres ser dos.

*Breve silencio.* CÉSAR *se lo piensa. Besa a* ELOY. *Los dos, ilusionados y sonrientes, se miran.*

CÉSAR
Entonces ¿qué? ¿Follamos?

*Caen, eufóricos y apasionados, sobre la cama. Después, ambos se levantan — como si hubieran despertado de una pesadilla — y cogen las cajas donde han embalado todos los objetos de esa vida compartida que ahora acaba.*

César *sale, sin apenas mirar a* Eloy, *esforzándose por no volver la vista atrás.*

Eloy, *incapaz de abandonar el apartamento, se queda solo, roto y derrumbado sobre esa caja donde ahora se acumula el peso de toda la vida que nunca llegó a ser. Y que, en el fondo, quiere que llegue a ser.*

*OSCURO.*

EDICIONES ANTÍGONA